Suzanne Visé
Treibholz - Gedichte

Suzanne Visé

Treibholz

Gedichte

udo degener verlag

Bei Tag wird dir die Sonne nicht schaden,
noch der Mond in der Nacht.

Ps 121,6

für Fritzchen

scheunentore

land karten tragen / die kühe auf / ihren rücken schwarz / auf weiß namen /
lose kontinente stille / gefilde aus fell / fremde reiche wer / ist dort ein /
geboren laut lose / länder städte des / friedens in allen / mauern die scheunen /
tore überall bloß / stumme versonnenheit leise / den koffer leeren /
schweigend ver reisen / ohne zu googlen.

tag eins

voll kommen ge / lassen er wartet / der mond im / lichten hemd aus /
sternen silber samt / das neue modell / bald malt der / morgen mit wasser /
farben anmut und / kraft an den / horizont ver spricht / wunder weist auf /
die un beschriebene / seite schreib immer / ist tag eins.

auster

wie eine schwangere / auster glücklich sein / neun stunden neun / tage neun wochen / lang in der / brandung neun monate / neun mal zehn / jahre alle jahre / allzeit bereit ein / juwel zu hüten / bis das meer / kocht über läuft / flossen klatschen am / strand der taucher / will die perle / die perle will / verlobt sein auf / ewig den ring.

simsalabim

mehr mut als / ver mutet zeltet / im stein der / fels er wartet / das wort sesam /
ich will simsalabim / grüße alle korallen / jede welle weiß / um wechsel und /
wandel läuft davon / lässt es sein / bleibt meer nichts / mehr als arme /
offen ja ich / will es sei.

milchstraße

von hinten nach / vorne kniend stehen / die kühe auf / kau gummi kauend /
würdig wedelnd das / singen der rauchfässer / die quasten am / ende wischen die /
quäl geister wissen / um friedfertigkeit immer / und immer wieder / lassen es darauf /
an kommen im / abend hört der / spaß auf den / knien kommt die / nacht wieder käuend /
vermisst die breite / milch straße saugt / an der scholle hört / das gras wachsen /
bis der morgen / kniend über den / rand einen neuen / tag ein fädelt.

dicke eiche

hier steh´ ich / also bin ich / einfach da tief / ver wurzelt ge / klammert das sieht /
so aus halte / das unten will / hoch hinaus zwei / seiten saiten eines / augen blicks sie /
reichen für ein / lied mein hier / sein im schatten / lobt weiß so / viel zu ver /
dichten be richten.

novemberlied

nicht ohne grund / blicken die sterne / von oben herab / ebenso hoch wie /
gut mütig gespannt / und gelassen was / soll das da / unten hörst du /
nicht das letzte / laub im strauch / verwaiste noten proben / das lied ach /
wie gut dass / niemand weiß dass.

alle berge

wie du mich / denkst und siehst / als frau im / raum anzug ver / kleidet ver dunkelt /
das wesen der / liebe ist absicht / licht pure lebens / freude leid und /
kummer nimmt die / liebe nicht als / tod sie macht / sich auf und / über alle berge.

champagner

der winter stählt / mein wollen eisen / hart hagel und / eis lassen mich / kalt ich weiß /
um nagel und / dornen kranz um / wächserne einsam keit / und dem dahinter / ist es blau /
und ewig steigt / die eine sonne / in mein augen / licht aus dem / narzissen drängen wild /
und ungestüm dem / wind verwehten schnee / zum trotz bleibt / alles kommt wie /
es sein soll / und harren muss / so lange bis / die knospen knallen / um im blüten /
schaum zu summen.

abgehangen

ich bin vom / hängen an dir / grau blau geworden / weise greise sind /
meine träume und / schnappen nach luft / erinnerung zum über / leben diese zeit /
aus glas ganz / müde bin ich / vom hängen an / dir eis blumen / ver wildern mein /
herz alle augen / blicke seufzt voll / blut himbeer rot / die liebe ab / gehangen rau reif /
verfilzt mein haar / schneid´ es ab / damit ich auf / die füsse falle /
dich durch schaue / ein fenster mit / aus sicht bist / du verlegen ich / weiß jetzt alles /
vom hängen an / dir bin ich / hoch gewachsen lang / mütig mutig frei.

interview

warum ist alles / falsche leicht das / gras weich die / eiche hart das /
recht schaffende aus / erz eisen die / liebe lungen krank / der neid nessel /
efeu der glaube / ein nebel gespinst / die hoffnung nein / ein pfeil mit /
gift das ja / widmen wollen weihen.

die schnecke

besser leise voran / weich und behütet / als ganz allein / besser gleiten als /
nur ein bein / besser langsam als / der pfeil weh / tut immer allem / weh ohne hand /
kein raub ohne / fuss kein stolper / stein ohne neid / kein vergleich wie /
der apfel den / ast los lässt / fallen ohne leid / ohne zeit für / selbst mit leid /
die sichere burg / feste auf dem / rücken alles was / zählt zieht die /
schnecke vor wärts / mein wappen tier.

die farbe blau

ein steinbruch ist / mein herz das / hämmert tag und / nacht ich bin / eine einzige frage /
aus schnee und / träumender engel im / packeis ein vollblut / mit durst nach /
meer und hunger / auf wunder ich / bin eine bloße / bitte erkenne dich / selbst immer fängt /
alles warten von / vorne an steigt / wieder auf das / karussell ich bin / aus buchstaben die /
farbe blau das / wort erbarme dich.

strass

gestern heute morgen / züchtet der nebel / leise im wald / in sich gekehrte /
rätsel heran still / vor sich hin / sticken die pflanzen / und sträucher sonnen /
haft strass auf / die feuchte haut / im klammen kleid / hoffnung auf pelz /
bald hält kein / regen den ersten / schnee mehr auf.

mit ben

mein rostendes blut / hat korken schnee / tränen wischt die / sonne von den /
bäumen herab alles / eiskalte greift ins / blau immer grün / ist alle erwartung /
wir meinen die / hoffnung und wollen / wunder engel oder / eine landende amsel /
am mantelkragen ein / wildes schwein ohne / leine brav wie / ein guter hund /
schutz im dickicht / nähe und hoffnung / kennen nur den / moment jetzt und /
hier immer muß / das eben luft / holen hoffnung sein / so sind wunder.

aprilrinder

vom dunkelstall ins / licht vom zwinger / auf die weide / weich so viel /
grün rund herum / so unbekannt die / ent bindung furcht / vor leere und /
weite kummer um / das was war / fahrig rufen die / rinder ihren herrn /
wollen zurück am / zweiten tag fällt / regen was soll / das was ist /
das blätter dach / nicht dicht doch / das gras wächst / weiter so viel /
grau rund herum / ist die haut / feucht ist der / unterstand zier rat /
bald kommt die / zeit zum wieder / käuen noch schach / für den schlächter /
vom braten weiß / die brave herde / nichts alles vom / moment sein da /
sein so viel / blau rund herum.

picknick

der mit dem / wolf ringt ist / mein hirte dem / ich gehöre gibt /
mich nicht auf / in moor und / morast steigt er / mit stab und / stock in schutt /
und schlucht sein / stern auf der / stirn gleißt das / gruben licht barbara /
weist den weg / zum picknick am / wasser auf blauen / auen schafe zählen /
bis er kommt.

im schilf

ein kranich bin / ich der letzte / linksaußen im V / und schleppe sehn / sucht nach heim /
weh im windigen / netz mein ruf / schäumt das blut / der verwitterten herzen /
sammelt seufzer den / atem der augen / ein kranich bin / ich beleibter wille /
zu fliegen ich / glaube tief blau / an federn und / flügel die vom / himmel sind frieden /
hegen der voll / mond süchtig das / land sucht die / sprache der hirten / hütet im schilf /
ab warten immer / staunen die sterne / wie es weitergeht.

walkman

deine stimme am / weiden tor ist / vertrauter pfad sprichst / du bin ich /
ein verträumter weiher / im wald auf / empfang in ruhe / gelassen lebt mozart /
voll übermut die / freude der liebe / beethoven hört ent / zückt außer rand / und band die /
beatles verknallt / bach entflammt im / erkennen wächst dein / bild im spiegel /
die wahrheit fließt / von deinen blaubeer / lippen im schilf / taumelt der brotkorb.

winterfutter

mein schnee hunger / wächst während das / jahr sich zum / abschied beugt ein /
geht wächst das / wissen um licht / sternen hafer er / lischt auf der /
zunge honig süßes / salz aus märz / riecht nach wohl / wollen singen im /
ohr alle jahre / wieder komm lass / leise alle weichen / leinen hüllen fallen.

reifeprüfung

nie steht ein / tag fröhlicher auf / als im frühen / jahr wenn im / halb dunkel die /
natur die brust / entblößt die vögel / zum zwitschern zwingt / den morgen nährt /
und sich ein / haus baut aus / musik luft und / farben überall paläste /
und kathedralen tür / tore weit offen / so viel buntes / spiel zeug so / viele bilder bücher /
noch ist der / tag ein kind / und lädt ein / morgens in den / garten mittags zum /
unterricht am abend / zur reife prüfung.

rätseljahr

der erste kuschelt / im bett der / zweite hat noch / keine lust der / dritte denkt da /
war doch was / der vierte mag / nicht recht der / fünfte aber muss /
auf geht es / den auf stand / probt der sechste / der siebte haut / auf die pauke /
der achte döst / hechelnd vor sich / hin der neunte / schaut gar selbst /
verliebt mit finger / farben malt der / zehnte der elfte / gähnt ganz weh /
mütig nur ruhe / will der zwölfte.

durchzug

schicht um schicht / umwickelt das vorhin / wie ein wund / verband stillend die /
bäume speichern die / zeit kriecht unter / die fassade bröselt / bleicht den schein /
nebel jacken ziehen / die herzen an / blau schwarz trägt / das vergessen frisst /
die knochen brechen / leichter fällt das / ab nehmen grau / dünnt die haare /
aus licht luft / im kopf durch / zug noch brennt / kahl die kerze /
flackert weiß nichts / von aus und / vorbei alles träumt / selig ver staubt / in den akten.

selbstlaut

wie teuer ist / doch der kummer / kasten mit eis / und eisen edel /
beschlagen im herz / dass die seele / tief im bauch / den geist ent / wischen lässt durch /
atmet um sich / selbst arzt zu / sein und das / rezept zu schreiben / liebe den tag /
die noten den / selbst- und mitlaut / das bekömmliche schweigen.

froschkönig

meist gibt es / keine antwort vom / himmel hoch doch / wissen die sterne /
mehr als sie / scheinen suchen nach / fragen im all / sammeln seufzer trübe /
gedanken aus silber / ist das schweigen / aus glas die / stille nacht unter /
der hecke im / lorbeer ruht der / augen blick nährt / die wand aus /
blättern im buch / der tage lebt / dorn röschen mit / einem frosch der /
spricht latein den / könig knallt keine / an die wand.

schwarzes loch

woher hat wind / licht den schönen / schein von formen / und farben im /
engsten kreis will / die brillies am / himmel auf seide / und samt nach /
ahmen auch stern / sein un nahbar / voll gleich mut / gültig von oben /
herab blicken in / die hitze der / nacht nichts mehr /
atmet in den / bauch vom feuer / ver zehrt plant / der docht seinen / tod im ein /
mach glas ein / schwarzes loch ohne / schuld der wind.

guter hund

im galopp / rockt das jahr / mein alter hund im / schlaf total ent /
spannt bis es drei / zehn schlägt der / letzte vor hang fällt / löst laufend kreuz /
wort rätsel jault blafft / er weiß worum / es geht im rennen /
bunte vögel hasen / aus plüsch die zitzen / der mutter draußen war /
juni im himmel / saugen schmatzen wimmeln / es war ein / mal kamen lange /
lange beine gummi / stiefel auf kurs / eine wild fremde / sagt frauchen über /
nimmt das ruder / liebe im augen / blick schoß hände / halt heimat dosen /
öffner der übrig / bleibt betagt tauglich / fellow good boy.

morgenland

im osten trinkt / die sonne himbeer / saft leckt tau / und hängt sich / fröhlich auf himmel /
blau quietscht vergnügt / der neu geborene / tag stimmt die / geige den seinen /
gibt der herr / im schlaf heinzel / männchen entern den / mittag legen kiesel /
zwischen die sekunden / schwer fallen flügel / knochen ins laub / still steht der /
wald döst ständig / kommen bringen voll / ständig voll kommen / voll bringen bis /
am abend die / sonne im roten / meer versinkt fahren / die fischer hinaus /
jagen den wolf / barsch zum lunch / überall morgen land.

aschenputtel

so weiß wie / wolle will ich / auf dem trampolin / den himmel kitzeln /
mit blaubeer mund / und pumps aus / china seide fußball / spielen wie ein /
kind die liebe / voller lust zum / äther jagen in / schwarze schokolade /
tunken den braut / strauß wie ein / hund vergraben den / schleier lüften elfmal /
elf meter hochzwei / braucht das glück / mehr nicht als / linsen lesen wie /
man wolken liest.

zuversicht

für einen regen / bogen schwärmen die / blätter im september /
und erinnern die / farben im licht / tut der himmel / das blau dazu /
was fehlt langmut / güte treue und / zuversicht bewegen die /
bäume schulter an / schulter im wind / tanzt der wald / singt der herbst /
fällt konfetti satt.

tick tack

rosenblut rot suchst / du die liebe / lapisblau brütet zu / pfingsten mein herz /
im flaum zerzaust / blüten federn durch / wirkt in seide / geschlagen und schlägt /
tick tack tick / tack liebst du / mich tick liebst / du nicht tack / tick keine frage /
tack der zufall / kennt tick tack / den code tick / rupf mich nicht / tack zieh mich /
nicht aus tick / tack tick lass / mich sein tick / tack tick tack.

im fall

hoch hängt die / latte um deinen / saum im fall / zu streifen heißt /
es weit hinauf / ohne netz ohne / seil tief tiefer / als die unterste / schicht wo du /
bist seit an / beginn immer und / ewig was so / stein hart finster /
ist weich weißes / licht wir wissen / sehen bloß nicht.

feuerzungen

du bist die / macht in meiner / ohn macht und / hoffnung läuft dir / nach treu wie /
ein hund kein / brunnen kennt deine / kraft du bist / dir selbst der / quell das wort /
das alles macht / dein wollen ist / die liebe mit / feuer zungen rufst /
du mich im / dornen busch der / glühend blüht in / flammen steht ganz /
leise sprichst du / aus der glut / die weder ast / noch blatt versehrt / du brennst in /
sehnsucht alle wunden / zweifel aus und / fütterst mich behutsam / wie ein neu /
geborenes mit licht.

brautkleid

aufrecht üppig im / weißen blüten kleid / stirbt mein apfel / baum als braut /
mit aller kraft / die wurzeln in / der kelter dem / letzten frühling das /
schlaf gemach zu / polstern adieu hör / mal wie der / mond leise greint /
nebel über nacht.

taubengrau

sicher wie der / tod ist bloß / das wetter an / ort und stelle / für alle gleich /
misst die dichte / der knochen schlürft / mark schürt wolken / zieht dem himmel /
ein graues katzen / fell über und / überall weicht feuer / auf gut glück /
tropft maien grün / nie leuchtet es / lichter als auf / taubengrau und gewitterblau.

smiley

es gibt tage ende / juli da der / sommer allen schweiß / der erde will /
die sonne böse / und blöde grinst / und allen durst / verlacht es gibt /
nächte ende juli / da der voll / mond eine clowns / nase scheint dotter /
blass ein gesicht / zieht zwei wolken / lämmer die augen / brauen gütig tiefer /
links am mund / ein stern geburt / des lächelns ein / paar strähnen schur /
wolle nach rechts / smiley was sonst.

hauch

ohne luft kein / feuer flamme bin / ich im sturm / wind der die / uhr bewegt den /
atem den walzer / takt im fluss / bin ich das / meer aus sicht / auf ersten blick /
kein wasser tropfen / tränen sind nicht / mehr mein ding / fliegen will ich /
nicht schwimmen / können aus eigener / kraft wurzel sein / krone wolke ein /
hauch im lehm / schwanger lind grün.

südseebuchten

kurz geschichten be / richten die wolken / ihr notiz buch / spiegelt den gehalt /
von wüsten wäldern / almen meer und / alpen wellen wiesen / grün grau weiß /
auf blauer lein / wand wehen fremde / länder wesen huschen / am himmel wunder /
zahme tiere gesichte / feixen über offene / fragen der bleichen / schädel machen see /
pferdchen sogleich un / sichtbar schweben müde / phantome aus watte /
augen blicke fotos / fahrige erinnerung an / alle die sterben / werden gütige geister /
südliche buchten im / abendlicht an denken / märchen erzählen die / wolken über uns.

pilgern

beten bitten suchen / anklopfen immer wieder / beten bitten suchen /
noch einmal vergeben / und klopfen immer / wieder verzeihen immer /
aufs neue beten / jederzeit allzeit an / klopfen wieder beten /
immer suchen wie / die witwe die / das recht will / nichts anderes wie /
der richter der / ungerechte klein bei / geben ver geben / immer wieder aufs /
neue beten un / ablässig bitten suchen / an dauernd an / klopfen immer wach /
bleiben nicht einschlafen / wie in getsemani / wieder und wieder /
wachen und beten / immer aus steinen / brot machen und /
fische aus schlangen.

nachtmusik

wie ein schein / werfer leuchtet der / voll mond ende / juni die weide /
aus schafft eine / bühne auf der / rinder letzte noten / im gras erwischen /
leise schnaubend tönt / die kleine nacht / musik der takt /
des schreitens das / reißen der zungen / der warme atem / knipst die glüh /
würmchen an und / aus still spielt / der mond probt / den scheren schnitt /
in den wipfeln / lässt sich kurz / kitzeln schweigt steigt / kalt blütig auf /
das sternenlaken und / genießt das theater.

jakobsmuschel

karussell fährt die / erde bietet der / sonne rund um / die uhr ihre /
schätze an hält / immer wieder die / eine und andere / wange hin die /
brust still legt / die schenkel auf / den glühenden grill / lässt sich häuten /
verbrannt der bauch / die knochen versengt / der rücken ohne /
licht schutz faktor / das heiße gleißen / kennt kein mit / leid nur glanz /
glast aus poliertem / chrom stöhnt selbst / das meer eine / burg aus sand /
gras land regen / baut mein herz / aus jakobs muscheln / einen festen damm.

ginsterstrauch

vorbei die zeit / der kirschen scherben / bringen glück unter / dem ginster strauch /
die kraft für / vierzig tage elija / will nicht ich / will auch nicht / so weiter machen /
im elfen bein / turm die küche / verlassen wo du / schlafend den tod /
an ziehst voll / vertrauen sterben ist / flimmernd eine fata / morgana palmen oase /
im wüsten sand.

lagerfeuer

wie die feuer / wehr zieht mich / die flamme an / gelb rot gold / heiß zum tanz /
lagern beim licht / bis die äste / krachen knochen in / der glut mein /
kartoffel herz gart / in der asche / alle trauer auf / dem rost auf / gespießt angst wahn /
sinnig schlagen offen / die funken nach / wuchs für die / sterne immer winken /
sie klingeln die / kartoffel ist gut.

bildhauer

aus fall schirm / seide sind die / flügel derer die / durch sichtig aus /
deinem wollen wirken / nicht schwimmer sind / als lebens retter /
stempel tragen dein / siegel aus sonne / blut und wunden / bar füssig im /
geröll der zeiten / leib haftig körper / los eilen die / engel behände in /
den marmor stein / bruch der dasein / heißt nicken und / lehren den der /
nicht weiß die / bilder zu hauen.

senfkorn

azur blau zelten / die vögel im / immer offenen zwinger / geäst vom senf /
korn stammt der / baum aus dem / der himmel wächst / sternen verwandt saugt /
selbst der kleinste / zweig am firmament / das mietet die / wurzel und ankert /
im kern der / zelle früh stückt / die quelle holt luft / liebt wie ein /
kind den zweifel / los sitzen lässt.

himmelfahrt

dich nehm´ ich / mit bei all / den höllen fahrten / ich stürze tief / du eilst von /
dannen doch tiefer / reicht noch deine / hand das seiden / seil die steile /
wand zu über / winden am gipfel / kreuz bei stummen / sternen stehst du /
still wartest klärst / die sicht die / all kraft deines / blicks wirkt allerorts /
und alle zeit / verhüllt für unsere / nackten augen wer / darum weiß be /
greift glaubt liebt.

hinter gedanken

all zeit bin / ich auf der / suche nach buch / staben die fehlen / im alphabet um /
den worten mehr / wesen zu geben / schwerer als wahr / heit und so /
leicht wie der / tod wenn man / die sprache hätte / überall grabe ich /
mit dem maul / wurf nach schrift / zeichen um das / was nicht sagbar /
hinter den gedanken / webt mit der / passenden farbe zu / streichen die saiten /
nach einer ton / leiter deren noten / von wasser sind / ohne alle form /
wendig wellend weit / sichtig wie wind.

schleier

honig farben weint / die biene der / blume nach weiß / nicht warum der /
atem so viele / fragen stellt sich / die blüte nicht / sie sieht himmel / blau den schleier /
sonnen fransen im / auge perlen aus / hagel den winter / will sie nicht / sie will die /
biene will die / blüte sein eins / heim weh sucht.

treibholz

gegrüßt sei das / gefiederte licht aller / orts grünt dein / schritt von smaragd /
im schatten der / beton schneisen und / schimmert über all / im all tag / einen ring aus /
kristall trägt jeder / jede sekunde eine / perle hallo engel / was tust du / da zwischen plastik /
müll und asphalt / unter den geteerten / sie schmieren sich / gegen seitig an /
und helfen bloß / beim dichten der / boote ohne liebe / zum meer treib / holz im strudel /
kreisen federn sie / wachsen nach rasch / wie das gras.

alles neu

grüne welle für / den frühling von / unten nach oben / treibt die grün /
kraft hängt netze / aus punkten in / die äste hoch / hand zahm das /
blau streichelt wiegt / winkend die krone / stimmt zu ein / lied aus luft /
erfindet der baum / sich neu macht / der mai alles / wie gehabt ein /
mal wieder glauben / hoffen lüften atmen.

INHALT

scheunentore 7
tag eins 8
auster 9
simsalabim 10
milchstraße 11
dicke eiche 12
novemberlied 13
alle berge 14
champagner 15
abgehangen 16
interview 17
die schnecke 18
die farbe blau 19
strass 20
mit ben 21
aprilrinder 22
picknick 23
im schilf 24
walkman 25
winterfutter 26
reifeprüfung 27
rätseljahr 28
durchzug 29
selbstlaut 30
froschkönig 31
schwarzes loch 32
guter hund 33
morgenland 34
aschenputtel 35
zuversicht 36
ticktack 37
im fall 38
feuerzungen 39
brautkleid 40
taubengrau 41
smiley 42
hauch 43
südseebuchten 44
pilgern 45
nachtmusik 46
jakobsmuschel 47
ginsterstrauch 48
lagerfeuer 49
bildhauer 50
senfkorn 51
himmelfahrt 52
hinter gedanken 53
schleier 54
treibholz 55
alles neu 56

1. Auflage 2018
udo degener verlag, potsdam
Umschlaggrafik: © ruzanna1, Fotolia.com
Druck und Bindung: BoD Norderstedt
ISBN: 978-3-95497-878-6